PRIMALUX

PRIMALUX

Petit recueil
de lumière
quotidienne

Eric Bouf

© 2020 Eric Bouf
Éditeur : BoD-Books on Demand
12-14 rond-point des Champs-Élysées, 75008 Paris
Impression : Books on Demand, Norderstedt, Allemagne

Illustration : Eric Bouf

ISBN : 978-2-3222-0179-2
Dépôt légal : janvier 2020

Bienvenue dans ce recueil

>Enivrant ...
>Énervant ...
>Exaltant ...

À propos

>De la lumière primordiale ...
>Du charbon originel ...
>Du prisme divin ...
>Du diamant ardent ...

De notre cosmos intérieur

MODE D'EMPLOI

VERSION 1

Lire le livre d'une traite
... soyez téméraire

VERSION 2

Ouvrir le livre à une page aléatoire
... méditer sur la symbolique du texte

1

1

Le son existe-t-il
si nous ne l'entendons pas ?

La lumière existe-t-elle
si nous ne la voyons pas ?

Transmute ton charbon originel
en diamant ardent
et tu existeras ...

1

Tel un arbre
dont le feuillage
est le reflet de ses racines,

notre lumière
est le reflet
de notre âme profonde,

lorsque transmutée
par notre prisme originel.

1

Il est primordial que notre diamant
nous interpelle
par le spectre de ses couleurs,

et lorsque sa vérité s'éclaire
elle devient indicible.

1

Nous ne pouvons rappeler
la lumière émise
par notre prisme originel.

Alors assurons nous
qu'il soit bien transmuté
en diamant ardent.

1

La lumière que nous émettons
active notre spectre primordial
qui se révèle par sa transmutation
au travers de notre diamant ardent.

1

Le spectre de notre lumière
n'est perçu par autrui
que par le prisme de ses émotions ...

Libre à chacun d'accueillir
l'énergie divine de l'autre
par son prisme originel.

1

L'immortalité de notre lumière primordiale
réside dans la transmission
de son spectre vers notre prochain,
au travers de notre diamant ardent.

2

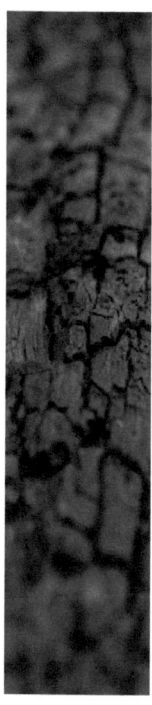

2

Au fin fond de mon âme,
dans un endroit
seulement accessible par mon esprit,
se trouve la source primordiale

... tel un diamant fou ...

qui éclaire mon cœur et conduit ma raison.

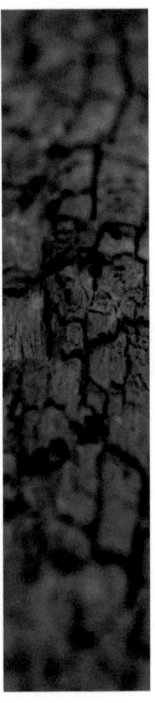

2

La voix de l'âme
a sa raison,
ainsi chaque spectre primordial
traduira son étincelle originelle.

2

Œuvre avec soin
ton prisme originel
en diamant.

Car l'énergie primordiale
qui voyage par ta lumière
y sera transmutée.

... et lui seul restera.

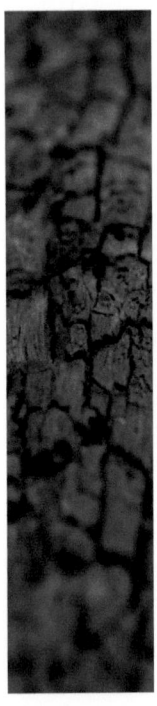

2

La transmutation du charbon
en diamant ardent
ne se fait que par
la maîtrise de son cœur
et de son esprit.

Car l'âme active
notre prisme divin.

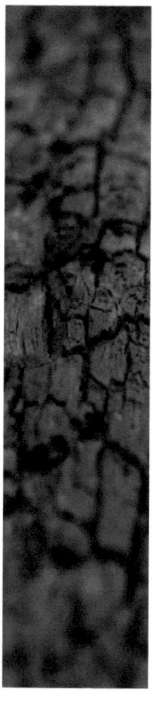

2

Notre lumière primordiale
existe parce qu'elle est ...

Néanmoins elle rayonnera
par la transmutation
de notre charbon originel
en diamant ardent !

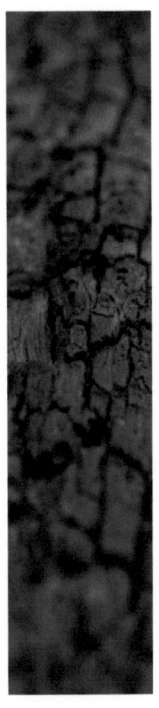

2

L'immanence du divin de notre âme
s'exprime dans le spectre émis
par la transmutation
de notre prisme originel
en diamant ardent.

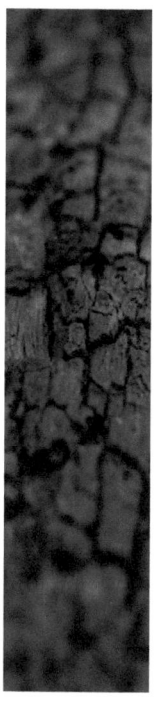

2

Je ne peux penser à moi-même
sans penser aux autres.

La maitrise constante
de notre ego révèle
notre identité spirituelle profonde.

Cela se traduira par la transmission
de notre lumière primordiale
quels qu'en soient les récipients.

3

3

Tresse les vertus
et enchaine les vices
afin que ton charbon originel
devienne diamant ardent ...

Pour laisser passer
la lumière de l'impénétrable.

3

Toute lumière qui te traverse
apporte une part de divin.

A toi de la trouver
lorsque transmutée
par ton prisme originel.

3

Notre émerveillement
par la lumière après la pluie,
active notre prisme divin
sur l'harmonie de la diversité
qu'apporte l'énergie primordiale ...

3

Notre lumière primordiale
nous est transmise
pour aller ailleurs ...

telle est sa destinée ...

ainsi par sa transmutation
nous pouvons trouver notre place.

3

Le premier jet de lumière
que nous recevons
est indescriptible
et éblouissant ...

nous ne pouvons échapper
à sa puissance ...

et ce n'est qu'avec le temps
que nous percevons
sa source divine et primordiale.

3

Notre lumière primordiale
devient purificatrice
lorsque transmutée
par notre diamant ardent.

Son spectre renouvellera
l'union de notre âme et de notre corps.

3

Un arbre
absorbe la lumière du jour
pour vivre et rayonner ...

Et nous les hommes ...

Ne rayonnons-nous pas par la lumière
que nous renvoyons vers les autres
au travers de notre charbon originel
transmuté en diamant ardent ?

4

4

Notre lumière primordiale
ne recule jamais,

libre à nous de la transmettre
par notre prisme originel,

afin qu'elle soit libre
d'amertume et de souffrance.

4

Lorsque la lumière se transmute
par notre diamant ardent,
elle peut être lue
par divers prismes.

Ainsi Aimer pourra se révéler
comme l'anagramme de Marie.

4

Transmute sans relâche
ton charbon originel
en diamant ardent ...

Et peut-être
trouveras tu
la raison d'être
de ta lumière primordiale.

4

Nous recevons tous une lumière primordiale
que nous retransmettrons
chacun à notre manière.

Cela inscrit l'unicité de notre prisme qui,
lorsque transformé en diamant,
nous éclaire
par le spectre que nous choisissons.

4

Il n'est concevable de transmettre
notre lumière primordiale
sans se dénuer de tout jugement
envers autrui.

Libre à lui de la transmuter
par son prisme originel.

4

Synchronise le chant de ta Source
pour réveiller sa nature cristalline
et éclairer le Divin sur ton chemin.

4

Peu importe
la folie de ton diamant ardent !

Il provient forcément
de la transmutation
du charbon originel
logé au fin fond de ton âme !

5

5

Profondeur
Confiance
Amour

Tel est le spectre
de la lumière primordiale
par la transmutation
de nos pensées
de nos mots
de nos actes

5

La valeur d'un charbon ne se mesure pas
à ce qu'il devienne diamant,
mais à sa capacité de réchauffer
et d'éclairer son prochain,
afin de lui permettre de puiser
dans la source de son âme.

5

La transmutation de ta lumière primordiale
revêt toujours une part de magie
que les égyptiens appelaient Heka.

5

Cherche au fond de ton âme
le charbon originel
qui alimente l'énergie de ton cœur.

Transmute le en diamant ardent
pour que ta lumière primordiale
rayonne vers les autres.

5

Il n'est de vitrail
qui n'active en nous
la lecture de la lumière.

Chacun trouvera
le chemin du divin
lorsque l'équilibre originel
sera perçu.

5

Il n'est plus divin
que l'effort
de transmuter
notre charbon originel
en diamant ardent
pour transmettre
l'essence de notre
lumière primordiale.

5

Nous portons tous
une part de charbon
au fond de notre âme
qui s'ancrera comme tel ...

Sauf à le transmuter
en diamant ardent
par l'appel de
notre lumière primordiale.

6

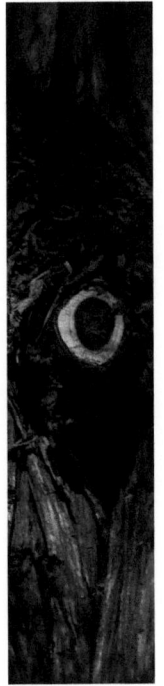

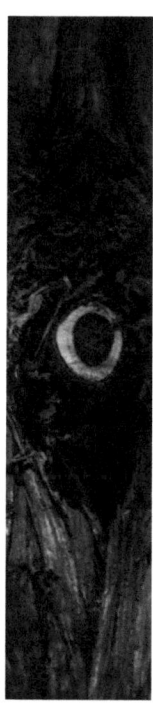

6

Notre lumière primordiale
résulte de l'énergie créatrice
engendrée par l'union
du Ying et du Yang
à l'origine de notre existence.

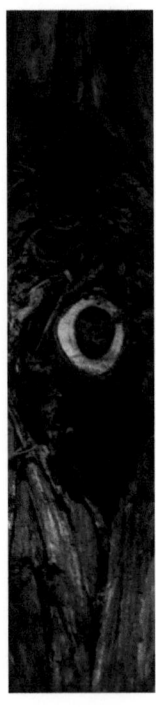

6

Notre charbon originel
n'est qu'un prisme
qui attend d'être transmuté
en diamant ardent
pour laisser passer
notre lumière primordiale.

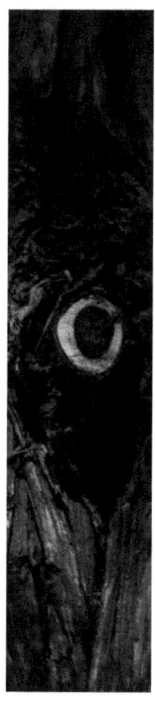

6

Transmuter notre prisme originel
en diamant ardent
n'est pas une fin en soi,
mais le début du chemin de lumière.

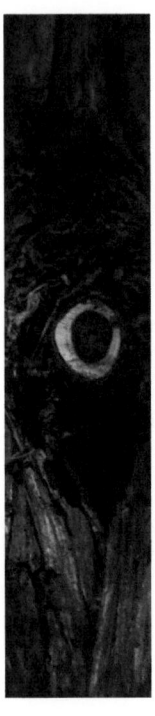

6

Transmute ton prisme originel
en diamant ardent
et tu rencontreras ton énergie primordiale.

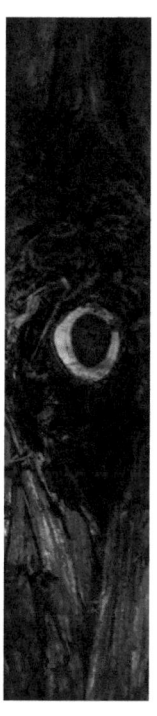

6

Le poumon de ton âme s'active
par la lumière primordiale que tu transmute,

telles les feuilles de l'arbre
qui s'éveillent par les rayons du soleil.

6

Notre lumière
lorsque transmutée
par notre prisme divin
engendre le silence
qui exprime
l'indicible de notre vivant.

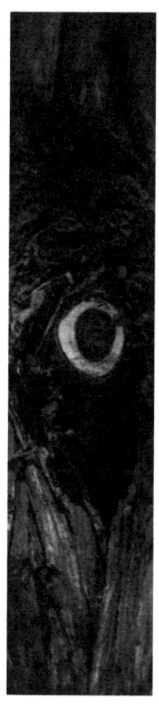

6

Développons notre équation nonaire,
par laquelle l'énergie primordiale
se reflète dans le prisme ternaire
du corps, de l'esprit et de l'âme.

Ainsi se manifeste la quintessence
de la prudence, de la force
de la justice, de la tempérance
et surtout de l'amour.

7

7

Nous portons tous un charbon originel
impatient de rayonner
par sa transmutation
en diamant ardent.

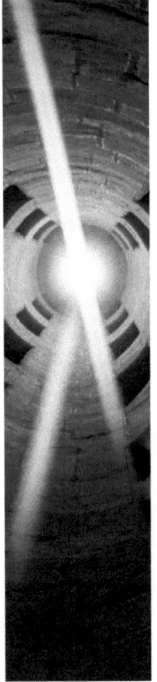

7

Ta lumière primordiale
ne peut indéfiniment
se tapir au fond de ton âme.

Comme toute source d'énergie divine
elle cheminera vers autrui.

Ainsi assure toi d'avoir transmuté
ton charbon originel
en diamant ardent,
afin que son spectre
transmette la beauté
de ton cœur.

7

Notre charbon ardent
agit comme portail
entre l'énergie primordiale
et l'existence terrestre.

Transmute le en diamant ardent
pour répandre le spectre divin
de ton âme.

7

Chaque prisme devient sacré
lorsqu'il transmute
la lumière primordiale
pour manifester le divin de l'être.

7

Il n'est de remord recevable
tant que nous nous efforçons
à transmuter notre prisme originel
en diamant ardent.

7

Une étincelle

quelle qu'en soit son intention originelle

laisse une empreinte indélébile
lorsque transmutée par notre crystal divin,

afin que la lumière prévale
par la transformation du charbon originel
en diamant ardent.

7

Transmute ton prisme originel
en diamant ardent ...

Ainsi la lumière de ta profondeur
rayonnera ...

Ainsi ta lumière primordiale
te mettra sur ton cours originel ...

Ainsi ta lumière
sera transmise indéfiniment ...

8

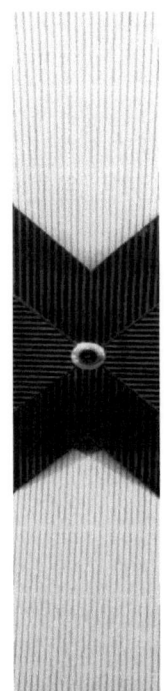

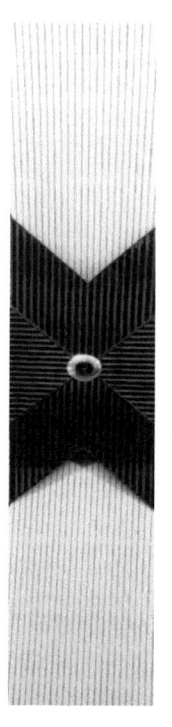

8

Nous sommes tous être de lumière
qui existe par le rayonnement
de notre prisme divin
logé au fond de notre âme.

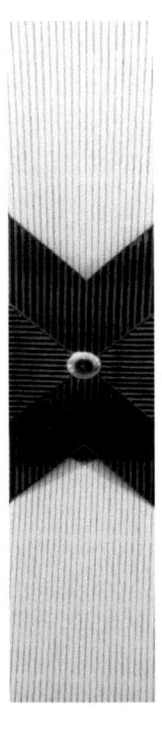

8

Je ne suis rien sans autrui.

Ses actions, ses postures
sont le reflet de son spectre primordial
dont se nourrit mon prisme originel.

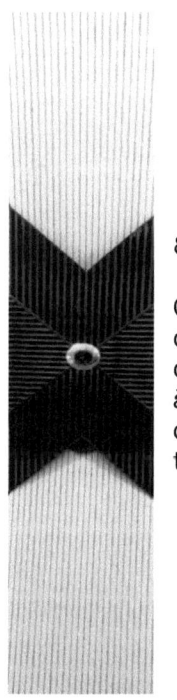

8

Ce n'est qu'en étant dénué
de tout jugement
que nous pourrons accéder
à la compréhension
d'une lumière primordiale
transmutée par un diamant ardent.

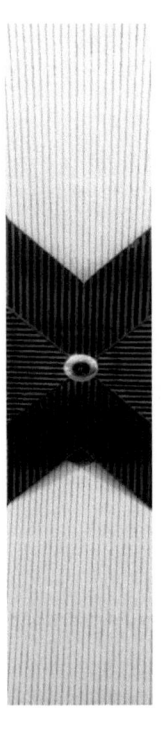

8

Il n'est de charbon originel
qui ne puisse devenir diamant ardent.

Tout réside dans la manifestation
du divin en soi.

8

Il n'est de lieu plus divin
que celui qui nous permet
de transmuter notre lumière primordiale
par notre diamant ardent
afin que l'on peut comprenne
ce que Gloire veut dire ...

Le droit d'aimer sans mesure !

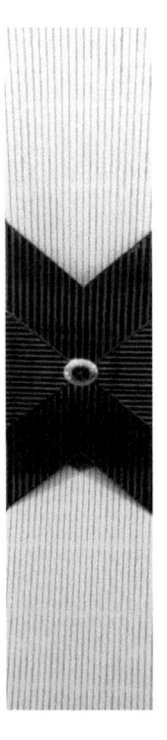

8

Transmute le charbon de ton âme
en diamant ardent
pour rendre visible
la force et la beauté
de ta source primordiale.

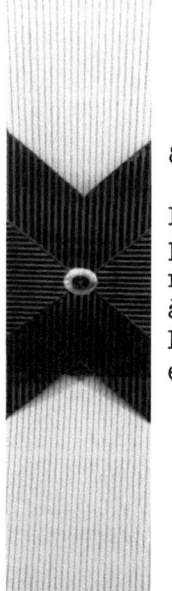

8

La lumière d'hier
prélude à celle de demain,
mais n'a d'égale
à celle d'aujourd'hui
lorsque transmutée
en Amour par notre prisme divin.

9

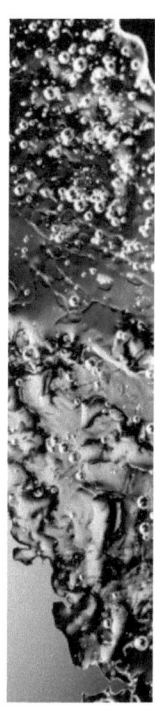

9

Tout prisme n'est pas diamant,
mais tout charbon peut le devenir
lorsque œuvré par le corps et l'esprit.

9

Transmute ton énergie primordiale
par le prisme du cœur
afin qu'elle devienne
le diamant ardent
de la paix de ton âme .

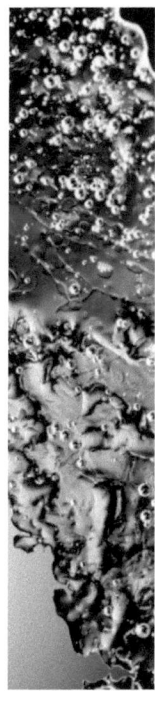

9

A chacun d'œuvrer son diamant ardent
par le corps et l'esprit,

afin de révéler l'unicité du spectre
de sa lumière primordiale .

9

L'absolue espérance en l'homme
s'affirme par la découverte
du crystal divin
au fin fond de notre âme,

qui une fois atteint par la lumière,
se transforme en diamant éternel
rayonnant d'amour pour les autres.

9

L'unicité de l'univers se révèle
lorsque notre prisme originel
se transmute en diamant ardent.

9

La lumière émise
ne peut être reprise.

Alors assure toi
qu'elle soit transmutée
par ton diamant ardent.

9

Transmute ton prisme originel
en diamant ardent.

Ainsi le spectre
de lumière primordiale
reçu de ton prédécesseur,
fécondera la profondour de l'âme
disponible pour ton prochain.